# Fußball!

Cartoons von Burkh, Butschkow, Fernandez, Hilbring, Holtschulte, Lars

LAPPAN

## Die Cartoonisten

**BURKH**, Burkhard Fritsche, 1952 in Mölln geboren, lebt in Köln. Veröffentlichungen in *Eulenspiegel, taz, Die Zeit, Tages Anzeiger* (Zürich), *Welt am Sonntag, Süddeutsche Zeitung, Kicker, spiegel-online* u.a. S. 7, 20, 21, 45, 46, 47, 66, 67, 82, 83.
www.burkh.com

**Peter Butschkow**, 1944 in Cottbus geboren. Veröffentlicht in diversen Zeitschriften und Zeitungen. Autor von über 150 Büchern und Kalendern bei Lappan. S. 18, 19, 36, 37, 54, 55, 72, 73, 90, 91.
www.butschkow.de

**Miguel Fernandez**, geboren 1974 in der Nähe von Hannover. Heute arbeitet er als selbstständiger Illustrator und Lehrbeauftragter an der Fachhochschule Hannover.
S. 4, 14, 15, 24, 25, 32, 33, 42, 43, 44, 52, 53, 60, 61, 68, 69, 76, 77, 86, 87.
www.gegen-den-strich.com

**Oli Hilbring**, regelmäßige Veröffentlichungen in der Sportzeitung *RevierSport*, im *Rookie Magazin* und bei *ehrensenf.de*. Er betreibt den Cartoon-Blog „Schön Doof" und lebt mit seiner Familie in Bochum. S. 8, 9, 16, 17, 22, 23, 28, 29, 34, 35, 40, 41, 48, 49, 56, 57, 62, 63, 70, 71, 78, 79, 84, 85, 92.
www.oli-hilbring.de

**Michael Holtschulte**, Jahrgang 79, lebt und arbeitet als Cartoonist und Illustrator in Herten. Zeichnet für zahlreiche Zeitungen u. Magazine. Seine Cartoons sind wöchentlich auf www.totaberlustig.de zu sehen.
S. 12, 13, 30, 31, 50, 51, 64, 65, 74, 75, 88, 89.

**Mario Lars**, Roland Regge-Schulz, 1964 in Mecklenburg geboren, lebt dort als Grafiker, Journalist, Zeichner und Autor. Veröffentlicht in *spiegel-online, Eulenspiegel, Schweriner Volkszeitung* und *Sächsische Zeitung*.
S. 10, 11, 26, 27, 38, 39, 58, 59, 80 ,81.
www.schulzenhof.de


ISBN 978-3-8303-4322-6

Titelcartoon von Oli Hilbring, Rückseitencartoon von Burkh
Druck und Bindung: Ueberreuter Print GmbH
Printed in Europe
**www.lappan.de**

Schiedsrichter, Telefon !!!

Jetzt gib mir endlich diese scheiß Adresse für die Haarverpflanzung!
FCB
09
HILBRING

...aufgrund einer Bombendrohung bleibt das Ikea Möbelhaus bis auf weiteres geschlossen...
Marcus, mit wem hast Du gerade telefoniert?
HILBRING

Schweinsteiger sucht seine Form

MEISTER
Warum du hast gerufen mich?

WIE ERKLÄREN SIE SICH, DASS SIE IN DER ERSTEN HALBZEIT KAUM INS SPIEL GEFUNDEN HABEN?
DAS SPIEL HAT SCHON ANGEFANGEN?!
BLA
HOLTSCHULTE

Spielt bitte nicht besser als unbedingt nötig. Die Bayern schauen bestimmt wieder zu.
HOLTSCHULTE

DU MUSST DEINE
ANGST IN DEN
GRIFF KRIEGEN!
FERNANDEZ

FERNANDEZ

ER HAT MICH PROVOZIERT!
FERNANDEZ

Kannst du dich an mich erinnern, Auswärtsspiel DFB Pokal? Du hast damals getroffen!
FC
HILBRING

HILLERING
Exklusivanalyse: Die Laufwege der Fans
EINGANG
BIERSTAND
WC

Einen Hamburger SV mit Pommes!
Kuddels Ecke
BUTSCHKOW

Wenn du den reinhaust, dann sag ich deinen Eltern, dass du rauchst!
BUTSCHKOW

Wissen Sie, seit Champions League und Weltpokal sind unsere Beine dermaßen hoch versichert, dass wir eh' nicht mehr vor so einen schweren Ball treten dürfen!
Hooligans
BURKH

Spieler, die sich auch nach Niederlagen bei ihren Fans bedanken

Das Training fällt aus – der Orkan kommt gleich.
Ey Trainer – auf welcher Position spielt dieser Orkan?
HILBRING

Ich habe so ein komisches Gefühl.
HSV
FCB
HILBRING

FERNANDEZ

SAG MAL, CALLI...
HAST DU MAL DARAN GEDACHT,
ALS TORWART ZU SPIELEN?
FERNANDEZ

Müller war berüchtigt
für seinen langen Anlauf beim Elfmeter

Das ist Meier, einer meiner besten Männer
Pass bloß auf, dass dir die Bayern den nicht wegkaufen
larvs

Balldrian?
HILBRING

Meine Freundin will sich die Brüste machen lassen...
Der Doktor Müller ist gut. Da hab ich mir die Hände machen lassen!
HILBRING

SCHEISS MILLIONÄRE!
HOLTSCHULTE

AUSZIEHEN!
AUSZIEHEN!
DU KANNST MIR AUCH EINFACH SAGEN, DASS DU DICH NICHT FÜR FRAUENFUSSBALL INTERESSIERST.
HOLTSCHULTE

ALS TORPFOSTEN DURFTE NORMAN ENDLICH MAL MITSPIELEN.
FERNANDEZ

ICH HABE SIE AN DER SPORTTASCHE DES VERMISSTEN FUSSBALLERS SCHNUPPERN LASSEN.
FERNANDEZ

Fußballspül!
HILBRING

HILBRING

Hallo Trainer, da haben Sie gerade wohl mehr Punkte gemacht als in der Rückrunde!
POLIZEI

Ich war mal das Kabinenluder von Franz Beckenbauer!
BUTSCHKOW

Kannst du nicht Fußball spielen wie andere Mädchen auch?
BUTSCHKOW

Der Opportunist

Du kannst mit mir machen, was du willst

Heiß auf die Rückrunde, was?
04
04
HILBRING

04
2:0
VIZE KUSEN
TV
Wie wollen Sie eigentlich genannt werden?
In Italien haben mich alle Prince genannt. Aber ich denke...
...hier in Gelsenkirchen reicht Kevin.
04
HILBRING

SIE WAREN
NICHT GEMEINT!
DB
FERNANDEZ

BUC!
FUSSBALLSPIELER...
AAARG!!
FERNANDEZ

SCHIESS DOCH!
SCHIESS!!
FERNANDEZ

Homophobie im Fußball

# Das Wunder von Bern

FC BAYERN
Toll
BAYERN
1
KAHN
BURKH

Natürlich war es
kein Handspiel
aber ihre Frisur nervt.
09
HILBRING

HILBRING
Der Trainer hat gesagt, dass er uns Viagra kauft. Damit wir standhafter werden. Hi, hi, hi!
Und auf welcher Position soll dieser Viagra spielen?
1. FCN

ICH WEISS GAR NICHT, WAS DU SO SPANNEND AN DIESEN FUSSBALL-EMs FINDEST: AM ENDE GEWINNT DOCH SOWIESO IMMER BRASILIEN.
HOLTSCHULTE

Anstupser
Raphael hat dich angestupst!
Zurückstupsen
HOLTSCHULTE

FERNANDEZ

HÄNDE HOCH BRINGT NIX.
DER SCHIESST TROTZDEM.
FERNANDEZ

UND DER OSCAR GEHT AN... DIE ITALIENISCHE NATIONALMANNSCHAFT!!
FERNANDEZ

Gut, gut!
Nur weil ihr Enkelkind ein Tor geschossen hat, müssen Sie doch nicht so ein Theater machen!
BUTSCHKOW

Großes Glücksgefühl mit sieben Buchstaben? Schalke!
BUTSCHKOW

Fünfzehn Arbeitgeber in drei Jahren. Gelegenheitsarbeiter?
Fußballtrainer!
2012 ARBEITSAMT
HILBRING

Trainer – Ich bin Homosexuell.
Mach Dir keinen Kopp. Selbst wenn Du schwul wärst, Du spielst am Sonntag!
HILBRING

Hier steht es! Systematisches Doping auch im Fußball
Und ich dachte immer, nur in den Spielern
Studie

Nach dem neuen Sicherheitskonzept dürfen Hooligans nur noch ohne Hose und in Begleitung zweier Polizisten und einer Jungfrau ins Stadion

SCHIRI, WIR WISSEN WO DEIN AUTO STEHT...
ICH? EIN AUTO? BEI MEINER SEHBEHINDERUNG?!
FERNANDEZ

SCHNEUZ!
FERNANDEZ

Spanien ist Europameister.
Die EM ist vorbei.
Aufstehen. Duschen!
HILBRING

Warum sind genau Sie der ideale Trainer für den HSV?
Hey, ich bringe Lahme zum Gehen!
PRESSEKO ERENZ
HILBRING

OH, ENGLAND IST IM ELFMETERSCHIESSEN!
HOLTSCHULTE

ENTSCHEIDE DICH!
10
HOLTSCHULTE

Schiedsrichterassistenten topfit

## Liebe im Fußball: Mein erstes Tor …

WIE LANGE IST DER PLATZWART EIGENTLICH NOCH KRANK GESCHRIEBEN?
FERNANDEZ

HEY, WAS IST MIT DEM FLUTLICHT?
VIELLEICHT EBBE?
FERNANDEZ

Kevin und Raúl
HILBRING
So sehen Sieger aus!
Oh, dann verliere ich lieber.
09
19
04
7
C

Können wir nicht mal wie normale Leute, eine Lichterkette kaufen?
HILBRING

Herzlich Willkommen aus dem Viagra-Stadion, liebe Zuschauer!
ASPIRIN
BUTSCHKOW

Waschmaschinen vergeben. Frauen nicht.

HAST DU GEFURZT?
WAR UNHALTBAR.
TORHÜTER PRIVAT
HOLTSCHULTE

DAS WAR DOCH EINDEUTIG EINE SCHWALBE!
8
HOLTSCHULTE

ENTSCHULDIGUNG, WIR WÜRDEN JETZT WIRKLICH GERN ANFANGEN.
NUR DEN JOGHURT NOCH!
FERNANDEZ

HALBFINALE HIN ODER HER, WIR MÜSSEN JETZT WIRKLICH WIRKLICH LOS!
FERNANDEZ

Die meisten wurden damals von Felix Magath für Spieler gehalten und gekauft.
Partnerstädte Gelsenkirchen
Büyükçekmece
Zenica
Schachty
Olsztyn
Cottbus
Newcastle upon Tyne
HILBRING

Das Spiel „lesen“ hatte ich mir jetzt anders vorgestellt.
KICKER
HILBRING

Können wir nicht die Siegprämie direkt in die Schweiz…
lars

FUSSBALLWEISHEITEN!

HEUTE:

# Heimvorteil !

Der 93-Millionen-Mann

HILBRING
HEIM
GAST
0:7
Das einzig positive, nach so einer Leistung glaubt niemand mehr an Doping im Fußball.
TV

Is nix Persönliches aber ich hab `ne Wette laufen.
HILBRING

ALS KONDITIONSTRAINER MUSS ICH INNOVATIVE TRAININGSKONZEPTE ENTWICKELN!
SCHON KLAR, ICH BIN MIR NUR NICHT SICHER, OB DAS ERLAUBT IST.
FERNANDEZ

SAG MAL, TRINKT UNSER GREENKEEPER WIEDER?
FERNANDEZ

TOR!
HOLTSCHULTE

WAS DENN?
DAS IST DIE WAND GOTTES.
HOLTSCHULTE

DAS IST DOCH EIN FOUL!
WETTEN NICHT?
HOLTSCHULTE

Mein Mann und die Kinder glotzten gestern wieder den ganzen Abend Fußball!
Super!! Und wer hat gewonnen?!
BUTSCHKOW

Männer im Grenzbereich der Emotionen

Die haben mich als Cheftrainer entlassen.
Seit wann interessierst du dich für Fußball?
HILBRING